Détache vite ta loupe !

Petites
Enquêtes
... trop chouettes !

CM2
et 6e
10-12 ans

Le Club des tigres
et le Tombeau du pirate

19
énigmes
à décrypter
avec la loupe !

Auteur : Thomas C. Brezina

Traducteur : Sophie Lamotte d'Argy

Illustratrice : Naomi Fearn

hachette
ÉDUCATION

Maquette de couverture : Mélissa Chalot
Maquette intérieure : Mélissa Chalot
Illustration de couverture : Naomi Fearn
Colorisation des illustrations : Aurélie Frémineur
Réalisation PAO de l'intérieur : Médiamax

Title of the original German edition:
Ein Fall für dich und das Tiger-Team: *An der Knochenküste*
© 2008, EGMONT Verlagsgesellschaften mbH, Schneiderbuch,
Cologne
www.schneiderbuch.de
Text: Thomas C. Brezina
www.thomabrezina.com
Title and inside illustrations: Naomi Fearn

ISBN : 978-2-01-395030-5
© Hachette Livre 2016, 58, rue Jean Bleuzen, CS70007,
92178 Vanves Cedex, pour la présente édition.

www.hachette-education.com

Sommaire

Le Club des tigres

Alexandre

Nom : *Alexandre — fort comme un tigre*
Mes qualités : *avant, j'étais plutôt dodu ; aujourd'hui, j'ai des muscles d'acier. Très sportif, j'aime le foot et l'athlétisme. Je suis également doué pour faire le clown.*
Mon plus gros défaut : *je ne suis pas toujours aussi courageux que je le prétends.*
Ce que j'adore : *les récréations, mon lapin — Benny —, le saut en parachute, les pizzas, le thé glacé et les bonnes plaisanteries.*
Ce qui m'exaspère : *les tricheurs et les casse-pieds.*
Ma devise : « *En avant toute !* »

Nom : Chloé — agile comme un tigre

Mes qualités : je collectionne avec passion toutes sortes d'objets. Je suis quelqu'un qui préfère prendre les choses en main, parce que les garçons sont parfois un peu mollassons (mais ne le répétez pas !).

Mon plus gros défaut : d'après mes amis, je suis une vraie tête de mule, mais ce n'est pas ma faute si j'ai du caractère !

Ce que j'adore : les fringues à la mode, la glace à la noisette, cuisiner de bons petits plats, l'équitation et la danse.

Ce qui m'exaspère : les jérémiades, les vacances trop courtes, les adultes qui ne me prennent pas au sérieux.

Ma devise : « Soyons zen, mais fermes ! »

Chloé

Nom : Théo — rusé comme un tigre

Mes qualités : je suis un mordu d'informatique et de technologie. Je prends un grand plaisir à inventer des engins télécommandés.

Mon plus gros défaut : là où je me trouve, c'est toujours le désordre !

Ce que j'adore : les hamburgers, ma super-tablette numérique dont j'ai décuplé les capacités, ma sacoche remplie de gadgets.

Ce qui m'exaspère : les disputes, Chloé lorsqu'elle joue les donneuses de leçons (mais ne le lui dites pas !). Et je ne supporte pas qu'on range ma chambre.

Ma devise : « Persévérer jusqu'à ce que ça marche ! »

Théo

Mes notes
d'enquête

Un fantôme dans le vieux phare ?

— Saletés de suceurs de sang ! pesta Chloé tout en se débattant des deux mains contre un assaut de bestioles.

Heureusement, il ne s'agissait pas de vampires, mais d'une nuée de moustiques qui venait d'envahir sa chambre. De guerre lasse, Chloé s'extirpa de son lit afin d'aller fermer la fenêtre.

— Aïe ! s'écria-t-elle soudain à voix basse.

Quelque chose de dur venait de se briser sous son pied. Par chance, aucun fragment n'avait blessé sa voûte plantaire[1], mais la douleur n'en était pas moins vive.

Chloé se dirigea en claudiquant[2] vers la fenêtre et contempla le ciel nocturne. La lueur argentée de la Lune se reflétait sur les vagues de la mer des Caraïbes. Au large de la côte, on distinguait nettement le vieux phare dressé sur une petite île rocheuse ; et à son sommet clignotait une lumière !

Chloé ferma les yeux un court instant. Lorsqu'elle les rouvrit, le clignotement avait disparu. « Illusion d'optique », pensa-t-elle.

Mais, au même instant, un vif et mince rayon lumineux transperça l'obscurité, puis s'éteignit aussitôt.

---

1. voûte plantaire : dessous du pied.
2. claudiquant : boitant.

« Bizarre… », songea Chloé avant de refermer la vitre et de regagner son lit. Puis elle s'enroula étroitement dans le drap, afin d'empêcher les moustiques de se poser sur elle, et ne tarda pas à se rendormir.

Les Tigres passaient leurs vacances d'hiver chez Bernard, l'oncle de Théo, lequel possédait une maison de rêve sur un îlot caribéen. Située directement sur la plage, les murs épais, ainsi que deux hautes tours carrées, donnaient à cette bâtisse l'aspect d'une mini-forteresse. Elle portait d'ailleurs le nom étrange de *Fort Squelettes*.

— Ces piqûres de moustique me rendent dingue ! râla Chloé le lendemain matin au petit-déjeuner. Je n'arrête pas de me gratter…

— Faut croire qu'ils te trouvent à leur goût, se moqua Théo. Ton sang est sans doute particulièrement sucré.

— Très drôle ! T'as dormi dans une malle à blagues et, au réveil, le couvercle t'est tombé sur la tête, c'est ça ? riposta-t-elle.

Elle se tourna vers l'oncle Bernard :

— Dis-moi : sais-tu si le phare de l'île aux Rochers est toujours en activité ?

Son interlocuteur secoua vigoureusement la tête.

— Oh non, et ce depuis plus de deux cents ans ! Ce bâtiment n'est plus qu'une ruine dont la seule fonction est de nous rappeler le bon vieux temps des pirates.

— Pourtant, cette nuit, j'y ai vu clignoter de la lumière, l'informa Chloé.

Théo donna un coup de coude à Alexandre et esquissa un sourire moqueur.

— Chloé, mon trésor, tu as encore dû rêver, ironisa ce dernier.

L'adolescente monta illico sur ses grands chevaux[1].

— Je n'ai rien rêvé du tout ! Je l'ai vue de mes propres yeux.

— Dans ce cas, tu devrais aussi pouvoir nous dire à quelle heure cela s'est produit, en conclut l'oncle Bernard.

Chloé avala sa salive. Non, elle ne savait plus. À tous les coups, Théo et Alexandre allaient à nouveau se mettre à ricaner. Elle essaya de se souvenir. Bon sang ! à quelle heure s'était-elle réveillée ?

---

1. **monta [...] sur ses grands chevaux** : se mit en colère avec indignation.

Chloé a-t-elle, malgré tout, un moyen de vérifier l'heure à laquelle elle s'est levée ?

Mes notes
d'enquête

Chapitre 2

La côte des Squelettes

Lorsque, après le petit-déjeuner, Chloé regagna sa chambre pour y chercher ses affaires de plage, elle découvrit son réveil, échoué sur le sol. Durant la nuit, elle l'avait cassé en marchant dessus, si bien que les aiguilles s'étaient arrêtées.

— Il était deux heures du matin quand j'ai remarqué de la lumière qui brillait au sommet du phare, annonça triomphalement la jeune fille à ses amis les Tigres en brandissant son réveil cassé.

Oncle Bernard fronça les sourcils.

— Es-tu vraiment sûre de ce que tu avances ?

Chloé acquiesça.

— Absolument sûre !

— Tu as évoqué les pirates tout à l'heure : qu'ont-ils à voir avec le phare ? demanda Théo.

— Ça, je ne pourrais pas t'en dire grand-chose, déclara l'oncle, entraînant les enfants sur un balcon d'où l'on apercevait toute la baie. Je sais seulement que, la nuit, nos boucaniers allumaient un feu tout en haut du phare afin de faire échouer les bateaux sur un banc de sable. Ensuite, ils n'avaient plus qu'à pagayer jusqu'aux embarcations naufragées et à se saisir de leur contenu. Il s'agissait, le plus souvent, de caisses remplies de pièces d'or, de bijoux, d'argenterie ou même de pierres précieuses. Ils devaient agir vite avant que la mer n'engloutisse les navires.

— Et qu'advenait-il des marins qui étaient à bord ? s'enquit Alexandre.

L'oncle Bernard soupira.

— Certains parvenaient à se mettre en sécurité dans des canots de sauvetage, mais la plupart d'entre eux mouraient noyés. D'où l'appellation de « côte des Squelettes » attribuée à

cette plage. Quant à ma maison, elle a été bâtie sur les fondations mêmes du fort des pirates, d'ailleurs baptisé *Fort Squelettes*, c'est-à-dire « la forteresse à squelettes » ! C'est le nom que j'ai conservé, même s'il n'est pas très hospitalier[1].

_____

1. hospitalier : accueillant.

Théo sentit s'éveiller en lui l'appel de l'aventure.

— Et où sont les trésors, aujourd'hui ?

Son oncle conduisit les Tigres dans le vestibule. Juste à côté du tableau pêle-mêle – la mémoire vive de leur hôte ! – était accroché un portrait à l'huile. Lequel représentait un flibustier barbu d'allure sauvage et téméraire.

— Lui seul aurait pu répondre à ta question, dit l'oncle Bernard. Je vous présente Barbe-Noire, le capitaine des pirates. C'est lui qui a eu l'idée d'utiliser le phare comme un traquenard. Quant au magot, il l'a caché dans un lieu secret, puis il est mort sans l'avoir révélé à quiconque.

— Et donc… le fantôme de cet homme reviendrait maintenant régulièrement hanter le phare ? demanda Chloé en mordant dans sa barre de céréales.

Ses amis secouèrent la tête.

— Alors qui peut bien avoir fait clignoter de la lumière cette nuit ? s'interrogea-t-elle.

— Allons enquêter sur place, suggéra Théo.

— Pas question : ce serait beaucoup trop dangereux, rétorqua son oncle. De toute façon, mon bateau est en réparation. Vous feriez mieux d'aller plutôt à la plage avec un bon bouquin.

Là-dessus, il disparut dans son bureau.

Théo hochait la tête d'un air perplexe[1]. Son oncle lui semblait très différent de d'habitude. Pourquoi se montrait-il parfois si abrupt[2] et sévère, ces derniers temps ?

— OK, direction la plage et oublions toute cette histoire, trancha Alexandre.

— Tu plaisantes ou quoi ? riposta Chloé. Je veux absolument découvrir ce qui se passe dans ce phare. Et je sais comment nous pourrions nous y rendre.

Les garçons lui lancèrent un regard étonné.

— À la nage ? lança Théo.

L'adolescente fit « non » de la tête.

— Nous avons un autre moyen d'y aller, dit-elle.

---

1. **perplexe** : hésitant.
2. **abrupt** : brutal.

Question

Par quel moyen Chloé compte-t-elle se rendre au phare ?

Elle veut y aller
en bateau
(voir page 17)

19

Mes notes
d'enquête

Chapitre 3

Un froid glacial

— Bravo, Chloé ! Toi alors, on peut dire que tu as l'œil ! s'exclama Théo qui, pas plus qu'Alexandre, n'avait vu le bon de livraison sur le panneau de liège.

Ce dernier savait très bien ce qu'était un Jet-Ski. Il avait même déjà eu l'occasion d'en piloter un. Cette sorte de luge à moteur sur laquelle on se tenait debout vous permettait de franchir les vagues à toute vitesse.

L'ennui, c'est que le Jet-Ski n'était conçu que pour une seule personne. Lequel d'entre eux irait alors au phare ?

— Toi ! répondirent Chloé et Théo en chœur en désignant Alexandre.

— Rien qu'en regardant cet engin du diable, j'ai déjà le mal de mer, avoua Théo.

Chloé avait conscience, elle aussi, qu'elle n'arriverait jamais à le piloter jusqu'à la minuscule île rocheuse. Alexandre, en revanche, était incontestablement le plus fort dès qu'il s'agissait de sport et d'action.

L'intéressé se sentit aussi flatté que mal à l'aise. Ce phare ne lui inspirait rien qui vaille. Néanmoins, sa curiosité finit par l'emporter. Comme ses camarades, il brûlait de savoir qui ou quoi s'amusait à hanter le vieil édifice.

Les Tigres trouvèrent le Jet-Ski de location sous un petit hangar de la plage ; ils durent unir leurs forces pour le traîner jusqu'au rivage. En un clin d'œil, Alexandre mit alors le moteur en marche, enfourcha la machine infernale et démarra.

Le scooter des mers filait comme une flèche à travers les vagues.

Alexandre avait l'impression de chevaucher un cheval récalcitrant. En dix minutes, il atteignit la petite île. Après avoir attaché l'engin à un rocher avec une corde, il grimpa jusqu'à l'entrée du phare.

Une sensation étrange l'envahit soudain. Avalant sa salive, il sentit son cœur battre jusque dans son cou et ses oreilles. Il frissonna.

— Quelle poule mouillée[1] je fais ! se fustigea[2]-t-il.

Il leva les yeux vers la haute tour de pierre grise et, à nouveau, la peur l'étreignit comme une main glacée.

Hésitant, il s'approcha de la porte en bois vermoulu[3] et appuya de toutes ses forces sur la poignée. La porte s'ouvrit dans un grincement.

Un bon moment s'écoula avant que ses yeux ne s'habituent à la pénombre. Il regarda autour de lui. Le sol sableux était jonché de détritus, parmi lesquels des morceaux de bois et une figure de proue un peu inquiétante.

Le long du mur, un étroit escalier en colimaçon conduisait au sommet du phare.

Lentement, Alexandre en gravit les marches. Une fois parvenu au dernier étage, il entra dans une pièce circulaire qui donnait sur un petit balcon. Sans doute le lieu d'où, autrefois, les pirates émettaient des signaux lumineux. Mais par qui

1. **poule mouillée** : peureux.
2. **fustigea** : blâma.
3. **vermoulu** : dont le bois est rongé par les vers.

les signaux de la veille avaient-ils bien pu être envoyés ?

Hein, par *qui* ?

Dans ce fatras de bois pourri et de vieilles caisses recouvertes de poussière, le garçon ne put découvrir le moindre indice. De toute évidence, personne n'avait pénétré les lieux depuis plusieurs années.

Soudain, il remarqua pourtant quelque chose qui le fit changer d'avis : pas de doute, la veille, quelqu'un était venu ici !

Paniqué, Alexandre se rendit d'un pas chancelant jusqu'au balcon qui faisait le tour du phare et se mit à scruter l'horizon dans l'espoir de voir ses amis les Tigres.

Malgré la distance, il crut les reconnaître, minuscules points noirs sur la plage. Aussitôt, il sortit un petit miroir de la poche de son short de bain et adressa à Chloé et à Théo le message suivant : « *Ai découvert quelque chose. Je reviens tout de suite !* »

Puis il dévala les marches de l'escalier quatre à quatre, pressé de quitter cet endroit sinistre.

Mais, tout à coup, il se figea. N'avait-il pas entendu un bruit ? Malgré le froid qui régnait à l'intérieur du phare, Alexandre transpirait à grosses gouttes. Ses genoux devinrent tout mous, et son cœur se mit à cogner comme un fou.

« Mince ! Et maintenant, je fais quoi ? pensa-t-il, désespéré. J'ai l'impression que le visiteur d'hier est de retour… »

Paralysé par la peur, il chercha des yeux une issue pour s'enfuir.

Qu'est-ce qui fait dire à Alexandre qu'un visiteur est déjà venu au phare la veille ?

Mes notes
d'enquête

Chapitre 4

Disparu ?

Chloé et Théo attendaient le retour de leur ami avec impatience.

— Je vous l'avais bien dit qu'il se passait des trucs louches dans ce phare, déclara Chloé. Maintenant, c'est évident ! Et, contrairement à ce que prétendait monsieur Je-sais-tout, je n'avais pas rêvé !

— C'est bon ; t'énerve pas comme ça, grommela Théo qui fixait l'île rocheuse d'un air soucieux.

Cela faisait longtemps qu'Alexandre aurait dû être sur le chemin du retour en Jet-Ski. Mais Théo avait beau scruter les flots : il ne le voyait nulle part.

Il jeta un coup d'œil à sa montre.

— C'est pas normal, souffla-t-il. Alex nous a envoyé un signal de détresse il y a vingt-cinq minutes. J'espère qu'il ne lui est rien arrivé…

Chloé lui lança un regard horrifié.

— Qu'est-ce… qu'est-ce qu'on fait, à présent ?

— Il faut prévenir oncle Bernard ; et tant pis s'il est furieux, décida Théo.

Mais l'intéressé restait introuvable. Son bureau était fermé à clé et, lorsque les deux amis frappèrent à la porte, ils n'obtinrent pas de réponse. Ils l'appelèrent, en vain.

— Oncle Bernard est parti ! s'étonna Chloé, que l'angoisse commençait à gagner. Juste au moment où Alexandre est

peut-être blessé ! On doit absolument le retrouver ! Grimper à l'intérieur de ce vieux phare n'est pas sans danger.

Théo acquiesça, convaincu, lui aussi, qu'un malheur était arrivé à leur compagnon. Non seulement cette forteresse ne lui inspirait aucune confiance, mais il commençait également à se dire que l'oncle Bernard n'était pas étranger à toute cette histoire.

Chloé et Théo coururent alors vers le hangar qui, quelques heures plus tôt, abritait encore le Jet-Ski. Peut-être y dénicheraient-ils un autre moyen de locomotion pour naviguer jusqu'au phare ? S'y rendre à la nage était impossible à cause des fortes marées.

— Regarde : une barque ! s'écria la jeune fille tout enjouée. Elle n'a pas l'air en super état, mais ce sera mieux que rien !

Quelques minutes plus tard, tous les deux étaient assis dans l'embarcation que Théo essayait de diriger vers le large. Mais, dans son agitation, il ramait plus souvent en l'air que sous l'eau, si bien que Chloé ne tarda pas à s'installer à sa place afin de prendre les choses en main. À grands coups de pagaie énergiques, elle parvint à orienter le petit bateau vers l'île aux Rochers. Lorsqu'ils eurent presque atteint le phare, elle posa soudain les rames et s'exclama :

— Théo, t'as vu, là, sur la plage ?

Tout excitée, elle désigna un endroit précis du rivage et faillit, par la même occasion, perdre une rame qu'elle récupéra in extremis[1].

---

1. **in extremis** : au dernier moment.

Qu'a découvert Chloé ?

Elle a remarqué
qu'un bonhomme les observait
avec des jumelles
depuis le musée.

Mes notes
d'enquête

De vrais fantômes ?

Lorsque le garçon se retourna, il n'y avait plus personne.

— Tu crois que c'était oncle Bernard ? demanda-t-il d'une voix mal assurée.

Son amie haussa les épaules.

— Aucune idée. Oui, c'est possible. Mais, dans ce cas, que faisait-il avec ces jumelles ?

Théo ne sut quoi répondre. Mais le fait que son oncle puisse être impliqué dans cette histoire lui semblait de plus en plus évident.

Chloé donna quelques derniers et vigoureux coups de rame pour pouvoir accoster.

— Regarde… le Jet-Ski ! Alex l'a attaché à un rocher, et il y est encore, constata-t-elle, survoltée[1].

— Cela signifie qu'Alex est toujours sur l'île, en conclut Théo. Mais pourquoi ?

— Allez, viens : faut qu'on rejoigne le phare. Mais je te le dis tout net : je suis morte de peur !

— Moi pareil, avoua l'adolescent.

Au moins, ils étaient deux pour se donner du courage.

Tandis que, dehors, le vent hurlait, ils franchirent prudemment le seuil de ce bâtiment si inquiétant.

---

1. **survoltée** : très excitée.

— Alex, hé oh, Alex ? Où es-tu ? cria Chloé de toutes ses forces.

Mais personne ne répondit.

— T'es où, Alex ? appela, à son tour, Théo.

Toujours rien.

— Il n'est pas là, articula la jeune fille avec effroi[1].

— Non, c'est impossible… impossible, répétait son camarade en bafouillant.

L'île aux Rochers était si petite que le phare occupait la quasi-totalité de sa superficie. Alexandre ne pouvait donc être nulle part ailleurs qu'à l'intérieur de l'édifice !

---

1. effroi : grande peur.

S'armant de courage, les deux Tigres empruntèrent l'escalier qui menait à la plateforme du dernier étage. Mais, même là, leur ami demeurait introuvable. À croire qu'il s'était volatilisé.

C'est alors qu'ils entendirent un drôle de grincement provenant du rez-de-chaussée.

Chloé agrippa la main de Théo.

— Que... qu'est-ce que c'est que ça ?

— Comment veux-tu que je le sache ? répondit-il, irrité. Je ne m'appelle pas Mme Irma ! Redescendons voir.

À nouveau, un craquement se fit entendre.

Chloé eut soudain une révélation.

— Quelqu'un veut nous enfermer ! Vite, sortons d'ici !

Ils dévalèrent l'escalier à toute vitesse. Mais, une fois dans l'entrée, ils se figèrent.

— La porte est restée... ouverte... exactement comme tout à l'heure. Tu t'es trompée ! souffla Théo.

— Ça alors ! Mais d'où provenaient donc ces bruits ? demanda Chloé, déconcertée. (Elle avala sa salive.) Tu crois que... que ce lieu est hanté pour de bon ?

— Mais non, voyons : tu sais bien que les fantômes, ça n'existe pas ! essaya-t-il de la rassurer.

Pourtant, lui-même en était de moins en moins sûr.

— Bon sang ! mais où peut bien être Alexandre ?

Chloé était désespérée.

Théo lui adressa un regard impuissant. Si lui non plus n'avait pas la moindre idée de l'endroit où se trouvait leur copain, il voulait au moins être fixé sur les bruits de tout à l'heure. Il scruta les environs d'un air pénétré.

Tout à coup, il attrapa Chloé par le bras et lui souffla à l'oreille :

— Attention ! Je crois que quelqu'un est venu pendant que nous étions en train de chercher à l'étage.

L'adolescente lui lança un regard perplexe.

— Quelque chose a changé depuis notre arrivée, expliqua Théo. Et ce changement n'a pas pu se produire tout seul.

Mais Chloé ne comprenait toujours rien à ce qu'il racontait.

À quel objet Théo
fait-il allusion ?

Mes notes d'enquête

Chapitre 6

Une découverte surprenante

Les deux Tigres n'avaient plus qu'une obsession : quitter la place qui, au fil du temps, leur semblait de plus en plus angoissante.

— Attends… je veux d'abord vérifier un truc, s'exclama Théo.

Il courut à l'extérieur, fit le tour de l'édifice et balaya du regard le rivage de la petite île. Mais nul bateau n'y était amarré.

Et pourtant, quelques minutes plus tôt, quelqu'un avait bel et bien franchi le seuil du phare. Cela ne faisait aucun doute.

Théo passa la tête dans la porte entrebâillée.

— Viens, dit-il à sa partenaire ; on rentre et on appelle la police.

Chloé se tenait toujours au milieu de l'entrée circulaire et désignait le sol.

— Regarde, répondit-elle au garçon. Je pense que ceci explique un certain nombre de choses !

Au milieu du fatras de vieilles planches et d'un antique gouvernail, caché sous un morceau de toile, Théo découvrit, à son tour, un gros anneau en fer scellé dans le sol. Il s'agenouilla et essaya de pousser de côté le bazar qui le recouvrait, mais certains éléments étaient inamovibles[1]. On aurait dit qu'ils étaient collés.

---

1. inamovibles : qu'on ne peut pas déplacer.

— C'est une trappe[1] secrète ! Et rudement bien camouflée, finit-il par déclarer.

— Et les bruits de tout à l'heure… c'était sûrement quand quelqu'un l'a soulevée…, chuchota Chloé.

Son interlocuteur acquiesça.

— Si ça se trouve, Alexandre est là-dessous !

Les deux Tigres empoignèrent l'anneau de fer et tirèrent de toutes leurs forces. La trappe secrète ne bougea pas.

— Plus fort ! insista Théo.

Ils réessayèrent en serrant les dents et parvinrent, cette fois, à la déplacer de quelques centimètres. Hélas ! leurs forces restaient insuffisantes pour la faire bouger complètement. Ils la laissèrent retomber dans un soupir.

— Bon sang ! s'énerva Chloé, il doit pourtant bien y avoir un moyen…

Théo contempla le bric-à-brac qui traînait, prit quelques éléments dans sa main afin de les examiner et, après mûre réflexion, opta pour une grosse barre de fer.

— Tiens, aide-moi. En déplaçant encore quelques trucs, on devrait finir par y arriver.

— Mais qu'est-ce que tu veux repousser ? demanda Chloé.

De la pointe du pied, Théo désigna une très grosse pierre.

— Ah… et pourquoi ? insista la jeune fille.

Théo se saisit de l'ordinateur de poche qu'il avait toujours sur lui. Ce petit appareil était pourvu d'un grand écran sur lequel on pouvait écrire et dessiner.

En quelques coups de stylet, l'adolescent esquissa un plan de manière à mieux expliquer à Chloé ce qu'il avait en tête.

---

1. trappe : ouverture dans un plancher fermée par un panneau mobile.

Que compte faire Théo ?

Il veut utiliser la barre et la pierre pour faire levier et soulever la trappe.

Chapitre 7

Le passage

— Théo, t'es vraiment incroyable ! s'écria sa partenaire quelques minutes plus tard.

Son plan, en effet, avait fonctionné, puisqu'ils avaient enfin réussi à soulever la lourde plaque de pierre.

Théo s'empara d'une lampe de poche ultra-puissante qu'il transportait dans une sacoche spéciale et la dirigea vers l'ouverture obscure.

— Il y a un passage ! s'exclama-t-il.

S'armant de courage, il s'enfonça dans les ténèbres. Chloé le suivit d'un pas hésitant.

Peu de temps après, les deux Tigres se retrouvèrent dans un boyau étroit où il faisait froid et humide. À certains endroits, des gouttes d'eau suintaient des parois, si bien que le sol était mouillé et glissant.

Descendant d'abord de manière abrupte[1], le couloir faisait ensuite un coude.

— C'est un véritable tunnel, constata Théo. Je me demande où il conduit…

Mètre après mètre, le duo poursuivit son exploration, tandis que Théo continuait à éclairer le sol, ainsi que les murs grossièrement édifiés.

— On n'en voit pas la fin ! gémit Chloé au bout d'un moment.

Le garçon eut soudain une pensée qui le glaça d'effroi.

---

1. abrupte : raide.

— Chloé, je crois que nous avons quitté l'île depuis long-temps et que ce tunnel nous emmène sous la mer !

Son interlocutrice le regarda avec des yeux ronds.

— Tu veux dire que, s'il s'effondre, nous nous noierons ? Ces murs n'ont pas l'air bien solides… On ferait mieux de rebrousser chemin[1] !

Mais Théo n'était pas d'accord.

— Pense à Alexandre qui doit être en train de croupir dans les parages[2].

Tandis qu'il prononçait ces paroles, il lui sembla soudain évident que leur camarade ne s'était certainement pas intro-duit dans ce couloir de son plein gré[3]. Sinon, il leur aurait fait signe depuis longtemps.

Il avait sans doute été forcé de l'emprunter. Mais sous la contrainte de qui ?

Chloé et Théo avançaient toujours plus loin.

— Hé oh, Alex, où es-tu ? lança ce dernier.

Sa voix résonna dans tout le passage souterrain d'un écho lugubre.

— Alexandre, réponds-nous ! s'époumona Chloé.

Pas de réponse.

Les deux Tigres devenaient de plus en plus nerveux. Qu'était-il donc arrivé à leur ami ?

Tout à coup, Théo s'immobilisa et tendit l'oreille.

— Chut… Tu entends ? murmura-t-il.

Chloé retint son souffle. Oui, il y avait bien un bruit ; comme une sorte de plainte…

---

1. **rebrousser chemin :** faire demi-tour.
2. **dans les parages :** dans les environs.
3. **de son plein gré :** volontairement.

Sans réfléchir, ils se mirent à courir.

— Alex ! Alex ! Où es-tu ? appelaient-ils sans cesse.

Bien que sourde, la plainte se faisait plus audible. Comme si leur compagnon était bâillonné[1].

— Le voilà ! s'écria soudain Théo.

Il s'empressa de s'agenouiller près de celui qu'ils recherchaient et venaient de trouver ligoté et recroquevillé dans une niche, la bouche recouverte d'un épais sparadrap.

— Serre les dents : ça va faire un peu mal quand je vais te l'arracher, prévint Théo.

Trois secondes plus tard, Alexandre avait récupéré l'usage de la parole.

— Qu'est-ce que je suis content de vous voir ! s'exclama-t-il. Je pensais que je ne sortirais plus jamais d'ici. Wouah, je suis tellement heureux ! Merci… merci !

— Qui t'a ligoté et emmené ici ? voulut savoir Chloé.

L'intéressé fit une moue d'impuissance.

— Aucune idée. Lorsque je suis arrivé en bas de l'escalier, quelqu'un m'a attrapé par-derrière. Ensuite, j'ai reçu un coup sur le crâne qui m'a plongé dans les vapes[2]. J'avais vaguement conscience qu'on me traînait jusqu'ici. Un peu plus tard, quand j'ai vraiment retrouvé mes esprits, je ne pouvais plus bouger ni crier.

Théo se mordit la lèvre inférieure. Se pouvait-il que l'agresseur d'Alexandre fût oncle Bernard ? Cette pensée le tourmentait de plus en plus.

— Où ce corridor peut-il bien mener ? se demanda Chloé à voix haute.

---

1. **bâillonné** : ayant la bouche recouverte d'un bandeau pour l'empêcher de crier.
2. **dans les vapes** : dans un état d'abrutissement (langage familier).

— Allons plus loin ; comme ça, nous serons bientôt fixés, proposa Théo.

Tout à coup, un craquement résonna juste au-dessus de leurs têtes ; un bruit fracassant, comme si un éléphant était en train de traverser la zone au pas de course.

— Sauve qui peut, hurla Alexandre. Ce tunnel n'est absolument pas solide. Plus vite nous en sortirons, mieux ça vaudra !

Les trois Tigres se mirent à courir, mais, dès le tournant suivant, ils furent confrontés à un nouvel obstacle : le couloir prit soudain la forme d'une fourche, dont une partie continuait tout droit et l'autre bifurquait vers la droite.

— Quelle direction choisir ? questionna Chloé.

Théo extirpa à nouveau son mini-ordinateur de sa poche.

— Il est aussi équipé d'un compas, dit-il. Il faut absolument que je me renseigne sur l'orientation de ces deux accès.

Le fameux compas apparut sur l'écran, et Théo déclara aussitôt :

— Le premier couloir mène au sud et l'autre à l'ouest. Peut-être que l'un des deux nous conduira aux fondations de la forteresse des pirates sur lesquelles est construite la maison de mon oncle.

Chloé et Alexandre jugèrent cette hypothèse tout à fait plausible. Mais quelle voie souterraine devaient-ils emprunter pour ne pas se tromper ?

Comment est orientée
la maison de l'oncle Bernard ?

Elle est orientée
au sud, comme l'indique
le dessin de la double
page où l'on voit
l'ombre portée dans la
moitié au dessus de
la maison.

Mes notes
d'enquête

Chapitre 8

Le tombeau du pirate

Tandis que les Tigres venaient de s'engager dans l'un des deux couloirs, un énorme rugissement retentit depuis l'extrémité opposée. Du sable s'écoula du plafond, et les pierres se mirent à grincer.

Théo pointa sa lampe torche vers le haut et remarqua une fissure qui sinuait sur toute la longueur.

— Prenons malgré tout l'autre couloir : celui-ci ne va pas tarder à s'effondrer, annonça-t-il à ses amis avant de partir en courant.

Chloé et Alexandre lui emboîtèrent le pas.

Tous les trois n'avaient plus qu'une idée en tête : décamper de là au plus vite avant qu'un malheur ne survienne !

Bientôt, le boyau tourna brutalement à gauche, puis il y eut quelques marches que les Tigres gravirent, débouchant soudain au milieu d'une grotte étroite, mais très élevée de plafond.

— Ahhh ! s'écria Alexandre en désignant l'une des parois rocheuses.

Lorsque Théo l'éclaira de sa lampe de poche, ils comprirent pourquoi leur ami avait été si effrayé.

Une tête de mort haute d'au moins deux mètres les accueillit d'un sourire grimaçant. Ce crâne avait été taillé dans la même pierre que la paire de sabres qui se croisaient derrière lui.

Un autre détail attira l'attention de Chloé : juste devant la tête de mort, le sol était troué de plusieurs petites cavités, et contre le mur s'alignaient sept bêches rouillées.

— Les trésors du capitaine Barbe-Noire ! Je parie qu'ils sont tous enterrés ici.

Aussitôt, elle s'empara d'une bêche et entreprit de creuser l'une des cavités. Elle ne tarda pas à buter contre quelque chose de dur. Du bout de la bêche, elle asséna quelques coups prudents. Au même moment, un craquement suivi d'un grincement résonnèrent au-dessus de sa tête.

Épouvantée, elle bondit sur le côté et leva les yeux. Le plafond de la grotte s'était soudain entrouvert, laissant entrevoir un bout du ciel caribéen d'un bleu éclatant. Le vent, en balayant la roche, produisait des sons inquiétants qui ressemblaient à des rires de fantômes et emplissaient toute la caverne.

Chloé jeta un œil dans le trou qu'elle venait juste de creuser et se figea net. Au fond, on ne voyait plus que du sable qui s'écoulait comme à travers un entonnoir.

Danger ! Sous leurs pieds se trouvaient des sables mouvants dans lesquels ils risquaient d'être ensevelis !

— Bon sang ! mais où sommes-nous ? s'alarma la jeune fille.

Théo et Alexandre haussèrent les épaules. Ils l'ignoraient autant qu'elle.

Prudemment, Chloé se mit à creuser une autre cavité et constata bientôt exactement le même phénomène. Tandis que le trou se muait en un piège de sables mouvants, une autre trappe cachée s'ouvrit juste au-dessus d'elle, dans le plafond de la grotte, et le rire lugubre s'amplifia.

— Arrête de creuser… À mon avis, il s'agit d'une sorte de leurre[1], avança Théo. Il a sans doute été construit par les pirates pour laisser croire à l'existence d'un butin enterré ici même, alors qu'il n'y en a probablement pas.

Alexandre fit signe à ses amis de le rejoindre. Il venait de faire une découverte effrayante… À côté de la tête de mort, un squelette était accroupi sur le sol. Des lambeaux d'un uniforme marin complètement décomposé pendaient aux ossements. Près du squelette, il y avait un marteau et un burin[2], et ses chevilles étaient maintenues par de lourdes chaînes elles-mêmes fixées au mur.

---

1. leurre : fausse piste.
2. burin : outil en acier qui sert à entailler le métal, le bois ou la pierre.

— Pauvre gars ! articula Alex d'une voix voilée. Le capitaine Barbe-Noire l'a sans doute obligé à sculpter la tête de mort et à graver l'inscription dans la pierre. Puis, une fois qu'il a eu fini, le capitaine l'a attaché et l'a laissé mourir de faim afin que le secret gravé dans la pierre ne soit jamais divulgué. Quant aux marins qui plus tard ont inhumé le pirate, ils n'ont sûrement pas pu déchiffrer l'inscription, puisque personne ne leur avait appris à lire et à écrire.

Le mystérieux message était en anglais. Lorsque Théo le recopia dans son ordinateur, ce dernier en donna la traduction suivante :

Ici reposent le si redouté capitaine Barbe-Noire et, avec lui, le secret de ses trésors. À l'homme intelligent, sa bouche X (ce que signifiait X, l'ordinateur l'ignorait) – même pourrie – pourra lui raconter bien des choses. Mais l'imbécile, lui, ne trouvera ici que son dernier repos.

Chloé leva les yeux au ciel.

— Est-ce que ça suppose que nous devrions… euh… réveiller le mort et… l'interroger ?

Cette simple pensée suscita chez Théo un haut-le-cœur[1].

— Jamais ! s'écria-t-il, dégoûté.

Alexandre, quant à lui, avait une tout autre idée en tête.

— À mon avis, celui qui creuse ici finira enseveli dans les sables mouvants ou sous les décombres de la grotte lorsqu'elle s'effondrera. Le secret est à chercher ailleurs. Et je crois savoir où…

---

1. haut-le-cœur : envie subite de vomir.

Et toi, as-tu une idée
de l'endroit où se trouve
le secret du capitaine ?

Mes notes
d'enquête

Chapitre 9

Qu'est-il arrivé à l'oncle Bernard ?

Ce mystérieux *X* avait mis la puce à l'oreille d'Alexandre. Dans l'inscription, il était à la fois placé à côté du mot *bouche* et sur l'une des dents de pierre de la tête de mort.

En tapotant la dent, l'adolescent réalisa que celle-ci pouvait s'extraire de l'énorme bouche.

C'était une sorte de tube à l'intérieur duquel se trouvait un parchemin illustré d'un dessin. Les trois amis l'examinèrent avec curiosité, sans pour autant comprendre ce qu'il représentait.

— En plus, ce truc est troué, constata Chloé. S'il s'agit de la carte du trésor, on va avoir du mal à le localiser…

— Moi, j'ai une tout autre question : cette caverne a-t-elle une seconde sortie ? demanda Alexandre.

Théo hocha vigoureusement la tête. Les ouvertures du plafond étaient bien trop hautes pour servir d'issues.

— Dans ce cas, je propose que nous rebroussions chemin au plus vite et que nous regagnions le phare, suggéra Chloé. Je n'ai aucune envie de terminer ensevelie[1] dans cette grotte !

Les garçons l'approuvèrent.

---

1. **ensevelie** : enterrée.

Tous les trois retournèrent à la fourche. Alors qu'ils s'apprê-
taient à emprunter la direction du phare, une voix retentit du
couloir qui menait à la forteresse :

— Hé oh ! Es-tu là ? Dis quelque chose, enfin !

Les Tigres reconnurent immédiatement le propriétaire de la
voix.

— Oui, oncle Bernard, répondit Chloé sans hésiter, nous
sommes bien là, mais on n'ose pas s'aventurer dans le tunnel
à cause des craquements bizarres !

Il y eut quelques secondes de silence, puis l'oncle de Théo
se manifesta à nouveau.

— Qu'est-ce que c'est que ces simagrées[1] ? Ce tunnel a tenu bon pendant plus de deux cents ans, : pourquoi s'effondrerait-il juste maintenant ? Allez, venez. Et que ça saute !

Les Tigres échangèrent un regard médusé[2]. Le ton employé par leur interlocuteur était inhabituellement sévère.

— Méfiance… Il y a un truc qui cloche, chuchota Théo.

— Bon, alors ! Vous arrivez, oui ou non ? s'impatientait le maître des lieux.

Théo fourra la carte mystérieuse dans sa poche, puis les jeunes gens se mirent en route. Bientôt, ils se tinrent face à une lourde porte métallique devant laquelle les attendait l'oncle Bernard. Ce dernier les tira sans ménagement hors du couloir, ferma la porte, puis la verrouilla avec une grande clé à l'ancienne.

— Montez ! ordonna-t-il d'un ton autoritaire en désignant un escalier en pierre érodée[3].

Les Tigres jetèrent un rapide coup d'œil derrière eux. Ils se trouvaient manifestement dans la très vieille cave du fort des pirates.

En haut de l'escalier, il y avait une autre porte, que l'homme verrouilla également derrière eux. Puis il houspilla les Tigres jusqu'à une troisième porte qui donnait directement dans la cuisine de la nouvelle forteresse.

— Maintenant, écoutez-moi bien, leur dit-il alors. Jamais, je ne vous ai autorisés à descendre dans le vieux tunnel !

Théo avoua qu'ils s'étaient rendus à l'île aux Rochers et y avaient découvert le passage secret.

---

1. simagrées : manières ridicules.
2. médusé : très étonné.
3. érodée : usée.

— Ça aussi, je vous l'avais formellement interdit ! tonna l'oncle Bernard. Encore un faux pas de ce genre, et je vous réexpédie chez vous par le prochain avion. C'est compris ? Bon ; et maintenant, allez enfin vous baigner !

Comme les Tigres tardaient un peu à se mettre en mouvement, il ajouta en hurlant :

— Dehors ! Et que je ne vous voie plus dans cette maison durant les prochaines heures !

Une fois à la plage, les trois amis s'installèrent sur un matelas gonflable et contemplèrent la mer.

— Je ne comprends rien à toute cette histoire, reconnut Alexandre.

— Moi pareil, renchérit Chloé.

Théo, lui, dessinait sur son ordinateur et prenait quelques notes.

— Je n'ai pas davantage d'explications, mais, en tout cas, nous avons exploré un vieux tunnel construit par les pirates. Il relie la forteresse au phare et mène également au tombeau du capitaine Barbe-Noire.

— Tu crois que c'est oncle Bernard qui a… séquestré Alexandre ? demanda Chloé.

Théo acquiesça à contrecœur, bien qu'il ignorât le motif ayant poussé son oncle à agir ainsi. Peut-être que ce tunnel ou cette île recelaient un secret qu'il ne fallait surtout pas dévoiler ?

De sa poche, il sortit une longue-vue avec laquelle il scruta les environs. Au bout d'un moment, il la posa et déclara :

— Eh bien, je viens à nouveau de découvrir quelque chose d'étrange. Un truc vraiment suspect dont nous devons absolument trouver la signification !

Qu'est-ce qui semble si suspect à Théo ?

Mes notes
d'enquête

Chapitre 10

Voleurs à bord

Fébriles, les Tigres réfléchissaient à la meilleure façon d'agir.

— Il faudrait retourner au phare, décida Théo, mais oncle Bernard ne doit évidemment pas le savoir.

— Bonne idée, approuva Chloé. Mais comment ? Le Jet-Ski et la barque sont toujours sur l'île aux Rochers.

— Et il y a aussi un autre problème, dit Alexandre. Oncle Bernard a verrouillé toutes les portes du souterrain et a emporté les clés.

— Où peuvent-elles bien être ? s'interrogea Théo.

Son camarade haussa les épaules en signe d'ignorance.

— Sûrement pas dans sa poche : elles sont beaucoup trop grandes pour ça.

— Écoutez, suggéra Chloé, puisqu'il n'y a pas moyen d'accéder au phare sans prendre le souterrain, je me charge d'occuper notre hôte pour que vous puissiez récupérer les clés et passer l'île au peigne fin[1].

Alexandre et Théo étaient d'accord, à condition d'attendre un peu afin de ne pas éveiller les soupçons de l'adulte.

---

1. passer [...] au peigne fin : contrôler minutieusement.

Les Tigres restèrent donc encore un bon moment à se prélasser au soleil et à nager avant de rentrer à la forteresse.

L'oncle de Théo regardait la télévision en sirotant un soda.

— Déjà de retour ? demanda-t-il, sans même leur adresser un regard.

— Oui ; on est crevés, répondirent les garçons en faisant mine de regagner leur chambre.

En réalité, ils passèrent par la cuisine pour descendre à la cave.

Chloé, quant à elle, alla s'affaler sur le petit canapé à côté du maître des lieux afin de regarder la télévision avec lui.

C'était l'heure du journal télévisé, qui ne la passionnait pas particulièrement. Il y était question d'un tigre blanc échappé d'un zoo et des problèmes rencontrés par un village de pêcheurs.

Puis apparut à l'écran un gros paquebot de croisière, suivi d'une carte montrant que le bateau avait longé la côte des Squelettes.

Chloé apprit que, pendant la nuit, de nombreux passagers avaient été cambriolés. Malgré d'intenses recherches, les voleurs et leur butin demeuraient introuvables, alors même que le paquebot n'avait accosté nulle part.

Chloé nota que, durant tout le reportage, son voisin s'était redressé dans son siège et que ses sourcils blonds n'avaient pas arrêté de tressaillir[1].

Pourquoi donc ?

Soudain, une idée atroce lui traversa l'esprit : et si oncle Bernard était lié à cette histoire de cambriolage ? Cette pensée l'inquiéta tellement qu'elle avait du mal à rester tranquille sur son sofa.

« Pourvu que les garçons ne tardent pas à rentrer », songea-t-elle. Le fait de se trouver seule en compagnie de cet homme la mettait tout à coup mal à l'aise.

---

1. tressaillir : avoir un brusque mouvement du corps, sous l'effet d'une surprise ou d'une émotion.

Mais, au même moment, Alexandre et Théo n'avaient toujours pas gagné le passage souterrain. À leur plus grande joie, la porte de la cuisine n'avait pas été verrouillée. Juste à côté, ils avaient trouvé un grand panneau sur lequel étaient accrochées plein de clés. Peut-être y avait-il parmi elles celle du tunnel ?…

Peux-tu repérer la bonne clé en moins de trente secondes ?

Chapitre 11

Le robot sous-marin

Théo et Alexandre se hâtèrent de traverser le tunnel sous-marin à grandes enjambées. L'air humide et froid, ainsi que le ressac au-dessus de leurs têtes n'étaient pas spécialement rassurants.

D'où leur joie lorsque, après avoir franchi la porte secrète du phare, ils se marchèrent à nouveau sur la terre ferme.

Sur le rivage de l'île, cachée entre des rochers, ils découvrirent bientôt l'antenne que, quelque temps auparavant, Théo avait déjà repérée avec ses jumelles. Elle dépassait d'une sorte de boule en métal de la taille d'une télévision et, tel un petit bateau, se balançait au gré des vagues.

Lorsque les deux garçons essayèrent de hisser la boule flottante hors de l'eau, ils firent soudain un bond en arrière.

— Aïe ! J'ai reçu une décharge électrique ! gémit Théo.

Alexandre avait pris, lui aussi, le même coup de jus.

— Ce truc est sécurisé. Il a été programmé pour envoyer de légères décharges afin d'éloigner les intrus, le rassura Théo qui avait immédiatement compris de quoi il retournait.

— Mais qu'est-ce que c'est que ça ? s'enquit Alexandre.

Les appareils technologiques n'avaient aucun secret pour son partenaire.

— À tous les coups, il s'agit d'un robot sous-marin. On utilise souvent ce genre d'engins pour sonder les fonds océaniques. Équipés d'une caméra vidéo, ils permettent aussi d'examiner la coque d'un bateau ; lorsque des coquillages s'y sont incrustés, le robot se charge de les gratter.

— Et qu'est-ce que celui-ci est censé faire ? voulut savoir Alexandre.

— Beaucoup de gros navires passent au large de la côte des Squelettes. Peut-être que les courants l'ont emporté hors de sa zone de contrôle et qu'il a échoué sur l'île aux Rochers, supposa Théo.

— Jamais de la vie ! riposta son camarade. Cet appareil n'est pas ici par hasard. Tu vois ce que je vois !

Sur quoi Alexandre attire-t-il l'attention de Théo ?

Qui est Léo ?

— Je me demande bien ce qui se trame[1] ici, dit Théo, lançant un regard interrogateur à Alexandre.

Tout aussi perplexe, ce dernier haussa les épaules. Une chose était sûre : tout ceci était plus que louche. Ça, ça ne faisait pas un pli[2] !

Les deux garçons rejoignirent la côte en barque ; puis, ni vus ni connus, ils s'introduisirent dans la forteresse reconstruite. Lorsqu'ils entrèrent dans le grand salon, ils s'étirèrent de manière ostentatoire[3], prétendant avoir dormi tout leur soûl[4].

— Vous avez fait des rêves intéressants ? les interrogea Chloé en souriant et en leur adressant un clin d'œil complice.

Comprenant immédiatement ce que sous-entendait cette question, Théo répondit :

— Oui, des rêves tout à fait édifiants…

Toujours installé devant son téléviseur, l'oncle Bernard, qui n'avait pas échangé un mot avec Chloé, se redressa.

— Comment ça, « édifiants » ? Les rêves peuvent être agréables, mais pas édifiants. Vous ne m'avez pas encore désobéi, au moins ?

Les intéressés ne purent réprimer un sursaut.

---

1. se trame : se complote.
2. ne faisait pas un pli : ne faisait aucun doute.
3. de manière ostentatoire : de façon à se faire voir.
4. tout leur soûl : autant qu'ils le souhaitaient.

— Mais non… pas du tout ! bafouillèrent-ils, embarrassés.

— Allez, les gars, on va se baigner ! décida Chloé qui avait hâte de prendre congé de leur interlocuteur un peu trop curieux.

À la plage, les Tigres pouvaient enfin discuter librement. Absorbés par leur conversation, ils ne remarquèrent pas qu'un objet long et noir, surmonté d'une sorte d'entonnoir, venait d'être posé sur le rebord d'une fenêtre de la forteresse.

Il s'agissait d'un microphone ultrasensible permettant de percevoir des paroles prononcées à une très grande distance. On espionnait les Tigres.

Après avoir entendu le récit détaillé d'Alexandre et de Théo au sujet du robot sous-marin, Chloé prit une grande inspiration.

— Si ça se trouve, cet appareil est lié au cambriolage qui a eu lieu à bord du paquebot de luxe. Le voleur a peut-être caché son butin à l'intérieur du robot en attendant qu'un comparse lui fasse signe. Et, comme il faisait nuit, ce signe ne pouvait être que lumineux. Voilà pourquoi le phare a clignoté l'autre jour. Le malfaiteur a alors probablement jeté le robot à l'eau, puis il l'a téléguidé vers l'île. À moins que l'engin n'ait été programmé pour cela et ne soit arrivé ici tout seul. Ensuite, le comparse n'a plus eu qu'à récupérer le butin. Et le type à bord du paquebot était tranquille : plus personne n'avait de preuve contre lui.

Théo avala sa salive.

— Quant au complice du phare, c'était indiscutablement oncle Bernard. D'où son comportement si étrange tous ces derniers temps... Nous n'avons plus d'autre choix que d'aller le dénoncer à la police.

Chloé et Alexandre étaient du même avis.

Déprimés, les membres du Club des tigres s'en retournèrent à la forteresse.

Une fois rentrés, Théo se dirigea directement vers la cuisine où se trouvait le téléphone. Alors qu'il était sur le point d'ouvrir la porte, il entendit des voix. Deux hommes étaient en train de discuter dans la pièce.

Théo se pencha et colla un œil à travers le trou de la serrure.

Il vit son oncle ainsi qu'un individu avec une grosse verrue sur le nez et une grande balafre[1] sur la joue.

— Hé, calme-toi, Bernard. Tu me prends pour qui ? pour un malfaiteur ? disait le type.

Oncle Bernard prit une grande inspiration pour lui répondre, mais son interlocuteur ne lui en donna pas le loisir.

— Rappelle-toi : à l'école, on était assis l'un à côté de l'autre et, à chaque fois qu'on avait un contrôle, je te laissais copier sur moi. Je t'ai toujours rendu service ; maintenant, c'est à ton tour de m'aider ! Les types de la Mafia sont encore à mes trousses. J'en sais trop à leur goût, et ils veulent m'éliminer. Je t'en prie : permets-moi encore de me cacher quelques jours dans les oubliettes, prononça-t-il d'un ton implorant.

— C'est bon, Léo. Mais es-tu sûr de ne pas avoir émis de signaux lumineux depuis le phare ? demanda oncle Bernard à son vieux copain.

---

1. **balafre** : longue entaille sur le visage.

Ce dernier fit l'innocent.

— Sûr et certain ! Cette gamine raconte n'importe quoi ! protesta-t-il.

Théo en avait entendu assez. Sur la pointe des pieds, il alla rejoindre ses compagnons et leur fit signe de l'accompagner dans la chambre des garçons. Là, il leur rapporta la conversation qu'il venait de surprendre.

— Léo ? un camarade d'école ? Ce nom me dit quelque chose, murmura Chloé.

Soudain, elle claqua des doigts et s'écria :

— Mais oui, ça me revient. Je sais où je l'ai déjà vu écrit !

Où Chloé a-t-elle déjà lu ce nom ?

Mes notes
d'enquête

Chapitre 13

Un bon ami ?

— Oncle Bernard est innocent ! s'exclama Théo avec soulagement. Je parie que c'est cet homme qui est à l'origine du cambriolage.

Chloé acquiesça.

— Un sale type, si vous voulez mon avis. Il utilise l'amitié d'oncle Bernard pour pouvoir faire ses magouilles. Nous devons mettre ton oncle en garde, Théo !

Comme l'adolescent était d'accord, tous les trois se précipitèrent aussitôt à la cuisine. Léo et son hôte étaient toujours en pleine discussion, mais s'arrêtèrent net dès que les Tigres surgirent dans la pièce.

— On ne vous a pas appris à frapper avant d'entrer ? gronda Bernard.

— Euh… excuse-nous ; on… on ne voulait pas déranger…, bredouilla Théo.

Chloé se retira discrètement. Dans le vestibule, elle décrocha du panneau d'affichage la photo qui représentait l'oncle Bernard et le fameux Léo enfants, puis elle s'approcha de la porte entrouverte de la cuisine. Le maître des lieux était en train de présenter son neveu et Alexandre à son ami ; lequel semblait extrêmement nerveux.

Chloé compara rapidement le jeune garçon de la photo avec l'individu qui se trouvait ici présent.

Tout à coup, elle dut prendre appui sur la table, puis une grande inspiration et murmura :

— De mieux en mieux ! Ce type n'est pas du tout Léo ! Il se fait passer pour lui afin que son ex-condisciple le laisse se cacher dans sa cave !

91

À quoi Chloé a-t-elle deviné que cet homme ne pouvait en aucun cas être Léo ?

La cicatrice n'est pas
du même côté sur la photo
et sur le visage
du soi-disant Léo.

Chapitre 14

La crypte du marin

— Au fait, que vouliez-vous me demander ? s'enquit l'oncle Bernard d'un ton bourru.

— Eh bien… euh… on vous le dira plus tard, bégaya Alexandre qui voulait surtout décamper le plus vite possible.

— Quelque chose que je ne suis pas censé entendre ? insista le soi-disant ancien camarade d'école.

Chloé sentit immédiatement qu'il les suspectait. De toute évidence, il savait que les Tigres enquêtaient à son sujet. Que devaient-ils faire ?

Tout s'enchaîna soudain très vite. L'escroc dégaina un revolver qu'il pointa vers eux et ordonna :

— Les mains en l'air, que personne ne bouge ! Et je vous assure que je ne suis pas d'humeur à plaisanter !

Théo et Alexandre poussèrent un cri d'effroi et l'oncle Bernard sembla complètement déstabilisé.

— Mais enfin, Léo… qu'est-ce qui te prend ?

Prise de court, Chloé réfléchit à la manière dont elle devait réagir. Elle était la seule à pouvoir aller chercher du secours. Mais à qui s'adresser ? La maison la plus proche se situait à plus de deux kilomètres, et elle ne pouvait pas davantage accéder au téléphone.

C'est alors que le gangster l'interpella depuis la cuisine :

— Quant à toi, jeune demoiselle, viens donc nous rejoindre sans faire d'histoires, ou l'un de tes copains risquerait de passer un sale quart d'heure !

Chloé sentit son sang se figer dans ses veines : trop tard ! Les mains levées, elle franchit la porte de la cuisine et se posta à côté des garçons.

— Qu'est-ce… qu'est-ce que ça signifie ? dit l'oncle Bernard qui tombait des nues[1].

— Allez, expliquez-lui, à cet imbécile, commanda le malfaiteur aux Tigres.

Ces derniers s'exécutèrent, à voix basse et en bafouillant.

— Futés, ces gamins ! Ils ont tout compris. Au fait, le vrai Léo est toujours en prison. Un jour, dans le journal, on est tombés, avec lui, sur un article à ton sujet, et Léo t'a tout de suite reconnu. Ça nous a donné l'idée d'utiliser la forteresse et le vieux phare à notre avantage, poursuivit l'escroc. Comme je ressemble à Léo, je n'avais plus qu'à me coller une cicatrice sur la joue. Mais bon : assez parlé, maintenant…

L'homme entraîna les Tigres et l'oncle Bernard vers la cave. Là, il leur fit traverser le tunnel sous-marin jusqu'à la grotte dans laquelle se trouvait le tombeau du malheureux pirate.

— Mais pourquoi nous emmènes-tu ici ? lui demanda oncle Bernard, excédé.

— Pour que vous rejoigniez votre dernière demeure, répondit le malfrat avec un petit rire sardonique[2].

Là-dessus, il tourna les talons et les planta là. Après avoir parcouru quelques mètres, il s'arrêta une dernière fois et tira quelques coups de revolver en visant les murs du tunnel, puis il partit en courant.

Les conséquences ne tardèrent pas à se manifester.

Le corridor commença à s'effondrer. Quelques pierres se mirent d'abord à tomber du plafond et, bientôt, tout le passage était enseveli. De l'eau afflua de partout, inondant toute la caverne.

---

1. **tombait des nues :** était très surpris.
2. **rire sardonique** : rire méchant.

— Mon Dieu… nous allons être noyés ! s'écria l'oncle Bernard, complètement affolé.

Théo posa une main rassurante sur le bras de son oncle.

— Calme-toi, tonton. Essayons plutôt de chercher s'il n'y a vraiment pas une autre issue.

Tous les quatre levèrent les yeux vers le plafond de la grotte.

— Nous sommes faits comme des rats, gémit oncle Bernard. Il y a bien quelques trous dans le plafond, mais jamais nous n'arriverons à sortir. Nous n'avons ni échelle ni corde pour grimper là-haut.

Désespéré, il prit les trois Tigres dans ses bras.

— Vous êtes irréprochables. Je suis tellement désolé de m'être comporté ainsi avec vous. Moi-même, je ne savais plus vraiment quoi penser de ce Léo…

— Euh… tonton, je ne voudrais pas être désobligeant, mais tu nous raconteras ça plus tard. Nous avons déjà de l'eau jusqu'au ventre. Il faut agir, et vite ! le pressa Théo.

Alexandre suggéra de faire une pyramide humaine. Il était suffisamment robuste pour soutenir deux personnes sur ses épaules.

Mais ses compagnons rejetèrent son idée.

— Tu ne crois tout de même pas qu'on va te laisser te noyer ici !

Théo sentait la peur paralyser son cerveau. L'oncle Bernard n'était plus bon à rien, et même Alexandre commençait à être gagné par la panique. Quant à Chloé, elle tremblait de tous ses membres. Non, elle n'avait décidément aucune envie de mourir noyée !

— Vous savez quoi ? Nous allons tout simplement nous laisser porter par l'eau, déclara-t-elle tout à trac. Il suffira de nager !

Théo esquissa une grimace.

— J'y ai déjà pensé ; mais comment savoir si l'eau montera suffisamment pour nous hisser jusqu'aux trous du plafond ?

Or, Chloé avait encore une autre idée.

Par quel autre moyen Chloé compte-t-elle sortir de la grotte ?

?? ?

?

Elle peut essayer de construire une échelle avec les rochers qui tombent des parois à la mine.

Mes notes
d'enquête

Chapitre 15

Sauvés des eaux,
mais pas encore hors de danger

En soufflant et en gémissant, les Tigres et l'oncle Bernard se hissèrent donc jusqu'à l'ouverture la plus proche du plafond de la caverne, d'où ils purent enfin remplir leurs poumons du bon air marin.

Ils se trouvaient sur un rocher arrondi situé à environ cent mètres de la côte.

— Chloé, ton idée était vraiment formidable. Sans toi, nous ne serions plus de ce monde ! la félicita Théo.

Après quoi, ils restèrent un moment silencieux à contempler la mer. Aucun d'eux n'avait conscience que quelqu'un les observait à travers des jumelles depuis la forteresse, et encore moins que le microphone high-tech les espionnait à nouveau à distance. L'escroc ne perdait pas une miette de leurs faits et gestes, ni de leurs paroles. Il ne décolérait pas d'avoir échoué à se débarrasser d'eux.

— Regarde, oncle Bernard, finit par dire Théo en lui montrant le mystérieux parchemin qu'il venait de sortir de sa poche. Voilà ce que nous avons trouvé lors de notre première visite dans la grotte. As-tu une idée de ce que ça peut être ?

L'adulte acquiesça.

— Oui, il s'agit d'une vieille ruse de pirates. Comme la plupart d'entre eux ne savaient ni lire ni écrire, ils représen-

taient, sur une carte en quatre volets correspondant chacun à l'un des quatre points cardinaux, l'emplacement de leurs trésors.

Les Tigres lui lancèrent un regard perplexe. Théo avait beau être un spécialiste de l'informatique et de l'électronique, il ne comprenait pas comment une seule feuille de papier pouvait comporter quatre pages.

L'oncle Bernard entreprit de plier précautionneusement le parchemin.

— Formidable ! s'exclama Chloé avec enthousiasme lorsqu'elle eut la carte en main.

Elle ne se lassait pas d'examiner les quatre images, désormais parfaitement visibles, qui représentaient chacune un îlot.

— Après avoir caché son butin quelque part, le capitaine Barbe-Noire a donc regardé au nord, au sud, à l'est et à l'ouest. Et ces images montrent ce qu'il y a vu, commenta-t-elle.

— À votre avis, a-t-il enterré ses trésors sur une île ou sur le continent ? demanda Alexandre à ses amis.

Mes notes
d'enquête

Chapitre 16

À la recherche du trésor de Barbe-Noire

— Ce qu'il nous faudrait, c'est une bonne carte marine, et si possible ancienne, dit Théo. Ça nous aidera peut-être à localiser l'île.

— Mais d'abord, nous devons prévenir la police, ajouta l'oncle Bernard. Ce type qui se fait passer pour Léo est dangereux !

Soudain, Chloé pointa le doigt en direction de la forteresse et s'écria :

— Là-bas, je le vois courir ! Vous le voyez, vous aussi ?

Les autres scrutèrent l'endroit qu'elle leur indiquait. L'escroc était en train de poser un sac qui devait contenir son butin dans la voiture de l'oncle. Puis il démarra et s'en fut.

De retour à la forteresse, Bernard voulut téléphoner à la police, mais le malfaiteur avait coupé la ligne. Il dut alors se rendre chez le voisin le plus proche pour y passer son coup de fil.

Sachant que leur ennemi avait quitté les lieux, les Tigres se sentaient désormais en sécurité. En fouillant dans la bibliothèque de la maison, ils trouvèrent un livre dans lequel étaient imprimées plusieurs vieilles cartes marines des Caraïbes. Sur l'une d'elles, Alexandre découvrit même la représentation de *Fort Squelettes*. Les trois amis se penchèrent sur la carte, cherchant un emplacement d'où l'on pouvait voir tout ce qui figurait sur le parchemin.

C'est alors qu'ils repérèrent, quasiment en même temps, le lieu où devaient être enterrés les trésors.

Où se trouve la cachette ?

Chapitre 17

Tout près du but !

À présent, les Tigres étaient gagnés par la fièvre de la chasse au trésor et ne rêvaient plus que de coffres débordant de pièces d'or, de montagnes d'argent et de tonneaux emplis de joyaux.

Ils durent pourtant patienter encore deux longs jours jusqu'à ce que le bateau à moteur soit réparé.

Mais, une fois ce délai passé, ils ne tenaient plus en place. Accompagnés de l'oncle Bernard, ils se mirent en route vers l'île au trésor.

— Surtout, ne soyez pas déçus si vous ne trouvez rien, les prévint ce dernier. Il est fort possible que quelqu'un vous ait déjà devancés. Et même si vous découvriez un trésor, vous ne pourriez pas le garder, puisque l'île appartient à l'État.

Mais tout ceci leur était bien égal. L'unique perspective de tomber sur une caverne débordant de richesses était fascinante en soi.

— Au fait, qu'est devenu notre escroc ? se renseigna Alexandre en chemin.

L'oncle Bernard haussa les épaules.

— La police a retrouvé ma voiture, mais pas le conducteur ; il a disparu sans laisser de traces. La seule chose que l'on sache, c'est que ce dangereux individu se nomme Jean-Pierre Merteau et qu'il est recherché depuis longtemps.

Enfin, ils atteignirent l'île. Au milieu se dressait un petit volcan qui n'était plus en activité. L'oncle Bernard en effectua le tour en quête d'un endroit où accoster. Il n'y en avait qu'un et pas d'autre. Partout ailleurs, le rivage était hérissé de hauts rochers abrupts.

Ils se mirent à plusieurs pour hisser le bateau sur la plage, puis ils l'attachèrent à un tronc d'arbre avec une corde.

— Et maintenant ? demanda Bernard. Où est-il, ce fameux trésor ?

— Aucune idée, marmonnèrent les Tigres.

— Ah bon ? Et moi qui croyais que vous saviez où se situait la cachette, répliqua l'oncle de Théo en riant.

Les trois amis fixèrent le sol avec embarras. S'il y avait bien une chose qu'ils ne supportaient pas, c'était la moquerie. D'autant plus qu'ils étaient furieux contre eux-mêmes. Comment n'y avaient-ils pas pensé plus tôt ?

— En fait, je crois savoir comment accéder au trésor, déclara soudain Théo.

Dans quelle direction
Théo veut-il entraîner
ses camarades ?

Mes notes
d'enquête

Chapitre 18

L'arbre à la tête de mort

Évidemment, le sentier jadis foulé par les pirates du capitaine Barbe-Noire était, depuis longtemps, rendu impraticable[1] par les broussailles, et les Tigres durent d'abord se battre contre elles avant de pouvoir se frayer un passage. Leurs seuls repères étaient les croix disséminées[2] ici et là sur les troncs d'arbres et sur les pierres. Ces croix étaient identiques à celle qui leur avait déjà désigné l'emplacement de la mystérieuse carte au trésor.

— C'est bizarre, mais ça fait déjà un moment que j'ai l'impression que nous sommes suivis, dit alors Alexandre.

Cette remarque ne lui valut pourtant que des regards moqueurs. Ses compagnons le savaient trouillard : à coup sûr, il voyait à nouveau des fantômes.

Chloé et Théo étaient tellement obsédés par le trésor qu'ils regardaient toujours droit devant eux, mais jamais derrière. Dommage, car ils auraient constaté que la peur d'Alexandre n'était pas tout à fait sans fondement.

Après s'être démenés pour se tailler un chemin parmi les épais buissons, ils débouchèrent sur un petit lac. Sur le rivage, ils aperçurent immédiatement un symbole qui correspondait parfaitement au capitaine Barbe-Noire : dans l'écorce d'un arbre massif était gravée une tête de mort.

---

1. impraticable : où l'on ne peut plus passer.
2. disséminées : dispersées.

Examinant le tronc de plus près, les Tigres découvrirent alors qu'il était entouré d'une grosse chaîne rouillée ; quelqu'un devait l'avoir installée là depuis très longtemps, car elle semblait comme incrustée dans l'arbre.

— L'autre extrémité est toujours sous l'eau ! constata Théo.

À son signal, tous se mirent à tirer dessus. Quelques instants plus tard, ils virent apparaître à la surface un coffre petit, mais solide, qu'ils hissèrent sur la terre ferme. Mais la chaîne n'était toujours pas complètement émergée. Les Tigres s'attelèrent à nouveau à la tâche et, bientôt, un deuxième coffre apparut.

— Vous êtes vraiment une équipe formidable ! s'exclama Bernard d'un ton admiratif. Jamais je n'aurais cru qu'ici même se cachait effectivement un trésor !

Ils rapatrièrent ainsi quatre coffres sur le rivage. L'oncle de Théo tenta d'ouvrir l'un d'eux à l'aide d'un canif et, après avoir quelque peu insisté, il arriva à ses fins[1].

Comme dans un film d'aventures, ils s'émerveillèrent devant le contenu du premier coffre qui était rempli de couverts en or massif.

— Quelle découverte sensation- nelle ! murmura oncle Bernard.

— Une découverte qui me revient, retentit soudain, derrière eux, une voix qui leur était familière.

Saisis de frayeur, ils firent volte- face et se retrouvèrent nez à nez avec le canon du revolver que Jean-Pierre Merteau braquait

---

1. **arriva à ses fins :** réussit.

sur eux. Ce dernier avait, en effet, attendu que les Tigres le conduisent jusqu'au trésor. Cette fois, il n'était plus seul, mais s'était fait accompagner par un complice. Sans doute s'agissait-il de l'homme qui avait cambriolé les passagers du paquebot.

Les deux malfaiteurs entreprirent de ligoter les poignets de Théo, d'Alexandre, de Chloé et de l'oncle Bernard avec une corde. Puis ils les attachèrent tous les quatre à un grand arbre dont le feuillage clairsemé[1] ne prodiguait que très peu d'ombre.

— Et voilà le travail ! s'esclaffa[2] Jean-Pierre Merteau en rengainant son arme. Quant à la sacoche contenant le super-couteau de poche, je la suspends à cette branche, ajouta-t-il avec un sourire narquois[3]. Adieu, les amis !

Sur ce, lui et son comparse s'emparèrent des coffres et les emportèrent avec eux. Mais, le poids de leur butin étant considérable, ils ne progressaient qu'à un rythme d'escargot.

Théo avait hâte que les deux hommes soient enfin hors de leur vue. Dès que cela fut le cas, il se mit à gigoter dans tous les sens afin de délier la corde. En vain.

Alexandre essaya alors de tourner sur lui-même et de rompre les liens de ses poignets en les frottant contre l'écorce de l'arbre, mais il ne parvint même pas à atteindre le tronc.

— Il faut absolument qu'on arrive à se libérer, gémit Chloé ; mais comment ?

Tout à coup, Théo émit un sifflement victorieux. Il venait d'avoir une idée lumineuse.

---

1. clairsemé : peu serré.
2. s'esclaffa : éclata de rire bruyamment.
3. narquois : moqueur.

Chapitre 19

Des noix de coco dangereuses

L'adolescent pencha la tête le plus bas possible afin qu'Alexandre puisse, malgré ses poignets attachés, lui retirer ses lunettes. Puis il posa celles-ci sur la corde : les rayons du soleil convergèrent alors à travers les verres optiques comme au travers d'une loupe, si bien que, bientôt, la corde surchauffée se rompit.

Une fois libéré de ses menottes, Théo s'empressa d'ôter celles de ses amis et de son oncle.

Étant donné le poids des coffres qu'ils tiraient derrière eux, les deux malfaiteurs ne pouvaient être allés bien loin. Mais les Tigres les savaient armés et hésitaient, de ce fait, à se lancer à leur poursuite.

— Ne bougez pas d'ici ; je vais y aller seul, décida pourtant Bernard.

Les jeunes gens eurent beau protester : ce dernier resta inflexible.

— Vous avez déjà pris assez de risques, ajouta-t-il d'un ton définitif.

Puis il se mit en route sans leur donner le temps de répondre.

Chloé, Théo et Alexandre restèrent donc là à attendre au bord du lac. Théo jetait régulièrement un œil à sa montre. Le temps s'écoulait, interminable.

Cinq minutes passèrent, puis dix, puis vingt.

Au bout d'une demi-heure, l'adulte n'était toujours pas revenu.

— Nous devons partir à sa recherche, dit Théo d'un air soucieux.

Ses camarades étaient du même avis.

— Bon ; cette année, j'ai gagné le premier prix de course de fond, déclara fièrement Alexandre. Et pour ce qui est de me faufiler sans bruit, je suis champion ! Si vous demeurez bien derrière moi et faites ce que je vous dis, nous parviendrons sans doute à nous rapprocher des malfaiteurs sans qu'ils s'en rendent compte.

Théo et Chloé hochèrent la tête.

Le chef de file se mit en route, conscient que le moindre faux pas, le moindre craquement pourraient éveiller les soupçons de leurs adversaires. Ces deux hommes étaient prêts à tout et, de plus, ils étaient armés. La plus grande prudence était donc de mise.

Ils restaient pourtant introuvables, ainsi que l'oncle Bernard. À un endroit, le sentier devint plus large. Les branches d'un arbuste avaient été arrachées, laissant supposer qu'un combat avait eu lieu. De plus en plus inquiets, les Tigres poursuivirent leur chemin.

Bientôt, ils entendirent le ressac de la mer. La plage était donc tout près !

— Chut ! siffla Alexandre en désignant des buissons, derrière lesquels ils se postèrent en embuscade.

À travers le feuillage, ils virent alors Merteau et son acolyte[1] qui se tenaient à une vingtaine de pas d'eux. Les deux compères s'accordaient justement une petite pause. Bernard était avec eux, visiblement épuisé d'avoir dû traîner les coffres.

---

1. acolyte : complice d'un malfaiteur.

Alexandre fit à nouveau signe à ses amis de ne pas bouger. Ensuite, il se pencha et ramassa quelque chose de rond : une noix de coco encore verte, prématurément tombée de l'arbre. Puis il en repéra une seconde, un peu plus loin.

Dès que les malfaiteurs lui tournèrent le dos, le garçon se redressa, visa et tira. La noix de coco fendit l'air et toucha Merteau dans la nuque. L'homme s'écroula à terre en gémissant. Et, avant que son complice ne comprenne ce qui venait de se passer, lui-même se retrouva allongé sur le sol, sous l'impact du projectile.

Les Tigres bondirent alors de leur cachette en exultant[1] et, avec l'aide de l'oncle Bernard, ligotèrent les malfrats. Puis ils les traînèrent jusqu'au bateau afin d'aller les livrer à la police.

Le soir même, les jeunes gens et leur hôte devisaient[2] sur le balcon de sa maison si atypique en sirotant un délicieux cocktail aux fruits.

— Je vous remercie de ne pas avoir obéi à mes ordres, dit le maître des lieux. Et je suis vraiment ravi qu'Alexandre sache se faufiler si discrètement, et aussi qu'il soit si doué au lancer de noix de coco… Et sachez que je vous trouve tous vraiment formidables, même si, par moments, vous m'en avez fait voir de toutes les couleurs !

Théo esquissa un sourire.

— Merci pour le compliment, oncle Bernard, mais tu ne nous apprends rien : nous savons bien que nous sommes formidables !

---

1. exultant : exprimant une grande joie.
2. devisaient : discutaient de manière détendue.

À son signal, Chloé, Alexandre et lui entamèrent leur hymne en chœur :

> — *C'est nous les Tigres intrépides,*
> *Toujours vaillants et fiers…*
> *Tremblez, malfaiteurs et gangsters,*
> *Car jamais on ne lâche l'affaire !*

Eh oui, ils venaient de le prouver, une fois de plus. Mais ce qu'ils ignoraient, c'est qu'une nouvelle enquête les attendait…

Achevé d'imprimer en Roumanie par G. Canale Bucarest
Dépôt légal : février 2017 - Édition 02 - 27/0947/8